Jette Menger

Liebesbriefe an Erich Fried

ISBN: 9783749436712

Bibliografische Information der Deutschen Nationalbibliothek: Die Deutsche Nationalbibliothek verzeichnet diese Publikation in der Deutschen Nationalbibliografie; detaillierte bibliografische Daten sind im Internet über http://dnb.dnb.de abrufbar.

Alle selbstverfassten Texte sind inspiriert durch Gedichte von Erich Fried und können Zitate oder Anspielungen auf seine Werke enthalten.

Meer

(Erich Fried)[1]

Wenn man ans Meer kommt

soll man zu schweigen beginnen

bei den letzten Grashalmen

soll man den Faden verlieren

und den Salzschaum

und das scharfe Zischen des Windes einatmen

und ausatmen

und wieder einatmen

Wenn man den Sand sägen hört

und das Schlurfen der kleinen Steine

in langen Wellen

soll man aufhören zu sollen

und nichts mehr wollen wollen nur Meer

Nur Meer

Meer

Wenn man ans Meer kommt
soll man zu schreien beginnen
bei den letzten Grashalmen
den Verstand verlieren
weil
man am Meer ist

Hier zählt nicht der Verstand
sondern das Herz
und hinter den letzten Grashalmen
vergisst man
Probleme und Deadlines
man atmet das scharfe zischen des Windes ein
um ihn im nächsten Moment
mit den eigenen Schreien zu übertönen
weil man am Meer ist
weil es hier niemand hört
weil die Wellen meine Worte verschlucken
und der Wind mir dabei hilft
wieder freier zu atmen

Hinter den letzten Grashalmen
soll man nur noch eines wollen
Meer

Fragen

(Erich Fried)[2]

Wie groß ist dein Leben?

Wie tief?

Was kostet es dich?

Bis wann zahlst du?

Wie viel Türen hat es?

Wie oft hast du ein neues begonnen?

Warst du schon einmal

gezwungen um es zu laufen?

Wenn ja

bist du rundherum gelaufen

im Kreis oder hast du Einbuchtungen mitgelaufen?

Was dachtest du dir dabei?

Woran erkanntest du

dass du ganz herum warst?

Bist du mehrmals gelaufen?

War das dritte Mal wie das zweite?

Würdest du lieber die Strecke im Wagen fahren?

oder gefahren werden?

in welcher Richtung?

von wem?

Antworten

Wie groß ist mein Leben?

Winzig wahrscheinlich

obwohl es mir manchmal doch so bedeutend erscheint

Wie tief es ist?

Gründig

würde ich sagen

Tiefgründig

Was kostet es mich und bis wann ich zahle?

Diese Fragen lasse ich lieber aus

denn ich mache mir kaum etwas aus Geld.

Wie viele Türen es hat?

Ich werde sie alle öffnen

Wie oft?

Eine Zahl

Wie oft ich es neu begonnen habe?

Jeden Tag aufs Neue

Ja ich war gezwungen um es zu laufen

Und zwar nicht im Kreis

sondern auf und davon

über Berge und Täler

bis ich endlich wieder freier atmen konnte

und ich dachte

desto weiter desto freier

Ich bin nie herumgekommen
dachte ich
aber irgendwie
bin ich doch im Kreis gelaufen
denn ich bin ja wieder hier
und nicht frei
Nach drei Kreisen nicht

Mit einem Wagen
wäre ich schneller vorangekommen
aber auch weiter weg von mir selbst
und die Richtung
kann ich nur immer wieder wiederholen
Auf und davon
Mit wem?
Ganz egal
aber am liebsten mit dir

Wie groß ist mein Leben?
Winzig wahrscheinlich
obwohl es mir manchmal doch so bedeutend erscheint
Wie tief es ist?
Gründig
würde ich sagen
Tiefgründig

Was kostet es mich und bis wann ich zahle?

Diese Fragen lasse ich lieber aus

denn ich mache mir kaum etwas aus Geld

Wie viele Türen es hat?

Ich werde sie alle öffnen

Wie oft?

Eine Zahl

Wie oft ich es neu begonnen habe?

Jeden Tag aufs Neue

Ausweichen

(Erich Fried)[3]

Ich weiß
daß ich oft oder meistens
ausweichen will
Ich weiß auch
daß das verständlich ist
denn ich will leben
Aber ich weiß nicht mehr
ob man leben bleibt
wenn man ausweicht

Kämpfen

Du sagst mir
dass du zu oft ausweichst
ich sage dir das stimmt
bitte dich
mir Antworten zu geben
Du sagst
Antworten würden doch nur
Dämonen herauf beschwören
du sagst nicht
dass ausweichen einfach leichter ist
Ich sage dir
es könnte so einfach sein
nicht auszuweichen
du sagst mir
dass stimmt
aber du weißt nicht
ob du am Leben bleibst
wenn du nicht mehr ausweichst

Durcheinander

(Erich Fried)[4]

Sich lieben

in einer Zeit

in der Menschen einander töten

mit immer besseren Waffen

und einander verhungern lassen

Und wissen

daß man wenig dagegen tun kann

und versuchen

nicht stumpf zu werden

Und doch

sich lieben

Sich lieben

und einander verhungern lassen

Sich lieben und wissen

daß man wenig dagegen tun kann

Sich lieben

und versuchen nicht stumpf zu werden

Sich lieben

und mit der Zeit

einander töten

Und doch sich lieben

mit immer besseren Waffen

Durcheinander

Ich soll lieben in einer Zeit
in der Menschen einander töten
mit immer besseren Waffen
und einander verhungern lassen

Langsam glaube ich
abgestumpft
bin ich vielleicht schon längst
und doch breche ich beim Anblick
der Bilder zusammen
nur um beim nächsten Mal
stärker zu werden
und jeder Schuss
und jeder Hilferuf
tötet die Wurzeln meiner Liebe

Ich schreie um jedes Blatt
dass in Kindertagen
im Winde wehte
und nun verwelkt zu Boden fällt
getrieben von den Bildern
und den Hilferufen
die die Wurzeln meiner Liebe töten

Und während andere verhungern
schlagen wir uns die Bäuche voll
aber das wissen wir ja
und zwar schon lange
denn wir kennen die Bilder
ebenso die der Waffen
die die Wurzeln meiner Liebe töten

Und mit vertrockneten Blättern
soll ich lieben
in einer Zeit
in der Menschen einander töten
mit immer besseren Waffen
und einander verhungern lassen
mit vertrockneten Herzen
weil sie sich selbst abgestumpft haben

Wer sagt:

(Erich Fried)[5]

Wer sagt:
Hier
herrscht
Freiheit
der lügt
denn
Freiheit
herrscht
nicht

Wer sagt:

Hier herrscht Freiheit
der lügt
denn Freiheit herrscht nicht

Freiheit würde ja bedeuten
dass jedes Lebewesen
das pure Glück empfinden würde

Freiheit würde ja bedeuten
dass wir uns nicht töten würden
mit immer besseren Waffen
sondern dass wir nachts zusammensitzen
und uns Namen für Sterne ausdenken würden[6]

Freiheit würde ja bedeuten
dass wir nicht in einem System gefangen wären
dass wir selbst errichtet haben

Freiheit würde ja bedeuten
dass es sich anfühlen würde
als würde ich hoch oben auf einem Berg stehen
die Arme ausbreiten
und ganz laut schreien
und nicht in einem Zimmer sitzen
und auf ein Blatt Papier starren

Freiheit würde ja bedeuten
dass alle Menschen
sagen dürften
was sie denken
Freiheit würde bedeuten
jeder darf Liebe mit jedem machen
und auch eine Liebe zu dritt ist okay

Denn Freiheit würde ja bedeuten
dass wir unser Leben auch nüchtern ertragen[6]
und das jedes Lebewesen
dass pure Glück empfinden würde

Also
Wer sagt:
Hier herrscht Freiheit
der lügt
denn Freiheit herrscht nicht

Epilog

Du fährst mit mir ans Meer
um mir wieder zu zeigen
was Freiheit bedeutet
Um mir zu zeigen wie man schweigt
mit dem Meer

Ich breite die Arme aus
Und schreie die Wellen an
weil ich keine Antworten
auf all deine Fragen habe
Ich habe keine Ahnung wie groß
Mein Leben ist
denn ich habe es nie gemessen
weiß nur
dass ich es immer wieder
jeden Tag aufs Neue
neu beginnen möchte
und zwar mit dir an meiner Seite

Du weichst einen Schritt zurück
Und meinen Schreien lieber aus
denn das ist ja einfacher
ausweichen
Auch wenn man vielleicht nicht am Leben bleibt

Ich sage dir
sieh doch hin
wir lieben uns
in einer Welt
in der Menschen einander töten
mit immer besseren Waffen
und in der wir selbst
die Wurzeln unserer Liebe töten
Und einander
mit immer besseren Waffen

Und so stehen wir hier
am Meer
ich schreiend
du schweigend
Weil keine Freiheit herrscht

Quellennachweis:

[1] Meer, Erich Fried, Quelle:

http://www.suzanne.de/worte/fried/meer/meer.html

[2] Fragen, Erich Fried, Quelle:

http://www.suzanne.de/worte/fried/fragen1/fragen1.html

[3] ausweichen, Erich Fried, Quelle:

https://textbeet.wordpress.com/2016/03/12/ausweichen/

[4] durcheinander, Erich Fried, Quelle:

http://www.suzanne.de/worte/fried/durcheinander/durcheinander.html

[5] wer sagt:, Erich Fried, Quelle:

http://texte.namiss.de/html/efried/wersagt.html

[6] K.I.Z, Hurra diese Welt geht unter, Quelle:

https://www.songtexte.com/songtext/kiz/hurra-die-welt-geht-unter-2b7dd4ca.html

Über die Autorin

Jette Menger, geb. 2000, träumt, tanzt und lacht. Ihre Leidenschaft gilt jedoch dem Schreiben. Ohne Stift und Papier geht sie erst gar nicht aus dem Haus, denn jede Idee muss festgehalten werden. Es entstehen Gedichte, Texte und Geschichten über Sehnsucht, die Liebe und das Leben.

Weitere Texte sind zu finden unter:
http://www.jettemenger.de

Die Autorin freut sich von ihren Lesern auf Instagram zu hören: @jettemenger